ÉLOGE HISTORIQUE

DE

MALÉCHARD,

CHEF D'ESCADRON D'ARTILLERIE;

par

J.-P. Pointe,

D. M.

Hélas ! que de vertus, de valeur, de talents
Sont cachés sous un peu de terre !...
A. F. DELANDINE...

LYON. — CHEZ LES LIBRAIRES

GUYMON,

RUE LAFONT,

7.

AYNÈS,

RUE SAINT-DOMINIQUE,

2.

I

ÉLOGE HISTORIQUE

DE

C.-B.-G. MALÉCHARD.

ÉLOGE HISTORIQUE

DE CHARLES-BERNARDIN-GABRIEL

MALÉCHARD,

CHEF D'ESCADRON D'ARTILLERIE;

par

J. P. Pointe.

Hélas ! que de vertus, de valeur, de talents
Sont cachés sous un peu de terre !.....

A. F. DELANDINE.

LYON.

IMPRIMERIE DE L. BOITEL,

QUAI SAINT-ANTOINE, 36.

1838.

En consacrant de courts instants de loisir à raconter la vie du
commandant MALÉCHARD, j'ai eu l'intention d'honorer la mémoire
d'un Lyonnais recommandable sous tous les rapports. En publiant
cet éloge, j'ai voulu faire connaître, dans un écrit historique et lit-
téraire à la fois, quelques faits particuliers et encore peu connus
d'une mémorable campagne. En signalant enfin une partie des ri-
chesses dont abonde une contrée nouvelle pour nous, mon but a été

de donner une idée des avantages sans nombre qu'assureraient aux sciences la possession et l'étude de ce pays.

Si la plupart des faits que je mentionne ne se sont point passés sous mes yeux, mon récit n'en mérite pas moins de confiance. Ce que je n'ai pas vu, je l'ai puisé à des sources certaines : les lettres de Maléchard, les documents officiels et les renseignements verbaux ou écrits qu'ont bien voulu me procurer des officiers, des généraux même, témoins de tout ce qui s'est passé sur cette terre d'Afrique. De semblables témoignages sont des autorités, et méritent une foi entière.

ÉLOGE HISTORIQUE

DE

C.-B.-G. MALÉCHARD,

CHEF D'ESCADRON D'ARTILLERIE.

Que le guerrier d'un grade éminent, investi d'un commandement supérieur, et conduisant de nombreuses légions à la victoire, tombe frappé d'un plomb mortel, le bruit de sa chûte a un rapide et long retentissement, la nouvelle s'en répand au loin, et bientôt toutes les bouches sont unanimes à célébrer l'habileté, la prudence et la valeur du grand capitaine, à redire les regrets que sa perte cause à la patrie. L'église déploie toutes ses pompes dans la cérémonie funèbre qui lui est consacrée ; ses dépouilles mortelles sont transportées en triomphe dans le temple érigé aux grands hommes ; et la voûte des Académies répète les accents des orateurs appelés à raconter sa vie, à énumérer ses éclatants services, à perpétuer enfin sa renommée.

Mais que le plomb meurtrier enlève à l'armée et au pays des officiers qui, tout en exerçant un commandement spécial, reçoivent
des ordres pour les transmettre à leur tour, les bouches de la renommée restent muettes pour eux ; leurs hauts faits demeurent igno-
rés de tous, sauf du petit nombre des braves qui en ont été les témoins, leur corps est abandonné, presque sans sépulture, sur la terre
étrangère, qu'ils ont arrosée de leur sang ; et les regrets qu'excite
leur glorieux trépas sortent à peine de la famille par qui leur perte
est déplorée!...

Loin de moi, dans ce rapprochement, la pensée de déverser aucun
blâme sur les légitimes hommages rendus, à tant de titres, au génie
et au courage de ces hommes qui doivent leur haute position à l'élévation de la naissance, comme à celle du mérite et du savoir ! à ces
illustres généraux dont s'enorgueillit la France, et à la mémoire des-
quels elle ne saurait donner trop de larmes ! Mais lorsque ces héros
sont moissonnés sur le champ de bataille par le fer et le feu, ou
dans les camps par les épidémies, peut-être encore plus meurtriè-
res, me sera-t-il permis de regretter que leur souvenir soit si cruellement délaissé. Ils sont tombés comme les feuilles au premier vent
d'automne, et comme elles, leur chûte n'a été accompagnée d'aucun
bruit !...

Eux aussi pourtant ont payé la victoire de leur vie, et d'une vie
d'autant plus précieuse, que la nature semblait la leur promettre
plus longue ; eux aussi pourtant ont bien mérité de la patrie ! Ce
sang qu'ils ont versé pour elle, c'était le plus pur de son sang ; cet
avenir qui s'ouvrait devant eux riche et brillant était son espérance
et peut-être sa gloire!... et qu'obtiennent leurs mânes pour prix de
tant de sacrifices?... la douleur de quelques amis, le désespoir d'une
famille, d'une mère, qui n'avait peut-être que son fils pour protec-

teur et pour soutien, et qui n'a pas même la triste consolation de pouvoir pleurer sur son tombeau!... mais de reconnaissance publique et de récompense nationale.... aucune! la loi même, qui charge l'Etat de pourvoir aux besoins des enfants dont le père est mort dans les combats, ne lui impose aucune obligation lorsque c'est le fils qui est ravi ainsi à sa malheureuse mère!... et devant cette fatale contradiction de la loi, vient échouer le bon vouloir paralysé des hommes du pouvoir, qui, s'ils font quelque bien en pareille occurrence, ne le font, pour ainsi dire, qu'en secret, dans la crainte d'établir des précédents onéreux au trésor.

Parmi les officiers dont, après l'action, on se borne à constater froidement la perte, afin de procéder plus froidement encore à leur remplacement; car, véritable pépinière de héros, la France en enfante toujours plus que la mort ne peut en décimer; parmi eux, dis-je, il en est qui ont déjà révélé toutes les qualités de l'homme de guerre, et qui se sont trouvés, par le hasard des circonstances, dans la position d'exercer une grande influence sur le sort des batailles.

Tel fut, entre autres, Charles-Bernardin-Gabriel Maléchard, que, dans le mémorable siége de Constantine, son mérite avait placé fort au-dessus de son grade, et dont la destinée n'eut pas tardé à devenir des plus brillantes, si, quand sa quarante-cinquième année venait à peine de s'accomplir, une mort aussi cruelle que prématurée ne fût venue l'enlever à sa mère, à ses amis et à la France.

PREMIÈRE PARTIE.

Né à Sainte-Foy-lès-Lyon, le 24 octobre 1792; issu d'une famille consulaire qui tenait un rang honorable, mais que la fortune a long-temps traitée avec rigueur, doué par la nature des plus favorables dispositions, et élevé par les soins de son oncle, M. Derville-Maléchard, préfet distingué sous l'Empire, le jeune Charles dut le premier développement de ses heureuses qualités aux bons exemples qui l'entourèrent durant cette éducation primitive, sur laquelle se fonde toute une vie.

Sensible et bon, vif et prompt dans ses réparties, ferme et résolu dans ses petits projets, et cependant réfléchi, il se préparait aux études de collège, tout en se livrant en liberté aux jeux habituels de l'enfance dans une de ces campagnes (à Souzy) dont les sites pittoresques font du Lyonnais l'un des plus agréables pays de France. C'est ainsi que son intelligence se développait en même temps que son corps, sous un ciel pur, au milieu des joies et des exercices du jeune âge et sous les yeux de ses parents, charmés de découvrir en lui le germe de ces qualités solides et précieuses par lesquelles il devait plus tard se distinguer.

Un soir, il revenait avec deux de ses petits amis d'une chasse aux papillons; accablés de fatigue, ils s'arrêtèrent et se mirent tous trois à philosopher. « Nous nous sommes assez occupés de futilités, s'écrie Maléchard, livrons-nous maintenant à quelques travaux utiles; allons en Amérique, nous convertirons les sauvages; vous prêcherez, et moi je tuerai ceux qui vous feront du mal. » Déjà commençait à se développer son caractère grave et belliqueux.

Bientôt il fallut songer aux études sérieuses; et pour cette éducation classique, le jeune Charles fut confié à une congrégation religieuse dont la supériorité comme corps enseignant n'a jamais été contestée; placé au petit séminaire de l'Argentière, il eut pour premier professeur le célèbre père Loriquet.

Travaillant avec ardeur et toujours au premier rang parmi les élèves, il remporta presque tous les prix. Aux examens, la justesse et la lucidité de ses réponses furent remarquées par ses maîtres, qui le citaient commme un modèle. Il avait quitté depuis longtemps le séminaire, que le père Loriquet, quand il n'était pas content des explications de ses élèves, leur disait : *Vous ne me donnez pas là du* MALÉCHARD !

Il termina ses études au Collége de Lyon, et fut admis à l'Ecole polytechnique (1). Sans doute que sa supériorité l'eut mis à même de faire un choix dans les différentes carrières ouvertes aux élèves de cette école ; et des considérations de famille l'auraient déterminé à entrer dans le corps des ponts et chaussées, ainsi qu'il en avait dès long-temps manifesté l'intention. Mais une voix plus forte et plus puissante se fit entendre, celle du pays, réclamant des défenseurs. Nos armées venaient d'épouver dans le nord de funestes revers ; et pour réparer tant de pertes, il fut indispensable d'appeler un grand nombre de nouveaux officiers.

Alors Maléchard quitta l'Ecole polytechnique pour entrer en qualité d'élève sous-lieutenant d'artillerie à l'Ecole impériale d'application de Metz (2), où il ne resta que peu de temps, son mérite bientôt reconnu et les besoins de l'armée lui ayant fait franchir rapidement les premiers grades pour arriver à celui de lieutenant au 1er régiment d'artillerie à pied (3).

Les combats qui eurent lieu aux portes de Leipsick furent sa première campagne. Sublime début pour un jeune officier plein d'ardeur, avide d'espérance et de gloire ! terrible baptême du feu, que ces combats, les plus grands, les plus acharnés, les plus meurtriers

(1) Le 1er novembre 1810.

(2) Le 1er octobre 1812.

(3) Le 15 juin 1813.

peut-être qui aient été livrés sous l'Empire, ceux où la grande armée a fait les pertes les plus immenses et a conquis le plus d'immortalité; ceux enfin où, de toutes les campagnes d'Allemagne, Napoléon a déployé de la manière la plus brillante cette habileté stratégique, ce coup d'œil rapide et sûr, et cette infatigable activité qui, dès le début des guerres d'Italie, en avaient fait le plus grand capitaine des temps modernes.

Attaché à la 2e compagnie de la batterie de réserve du 5e corps, Maléchard donna des preuves de courage, de sangfroid et d'une rare présence d'esprit. Dans la journée du 18 octobre 1813, abandonné par la cavalerie qui devait le protéger, il sauva une batterie qu'il fallut retirer pièce à pièce d'un fossé sur lequel l'ennemi faisait un feu continuel; et le lendemain 19, il fit tout ce qu'il était humainement possible de faire pour traverser la ville de Leipsick avec sa compagnie et ses canons; quelques mots d'encouragement, sortis de la bouche même de l'empereur, furent en ce moment critique un bien flatteur éloge pour Maléchard; mais la prudente fermeté de ce brave officier fut impuissante contre l'encombrement et la confusion qui régnaient dans les faubourgs de Ranstadt et de Rosenthal. Il apprit que le pont de l'Elster était détruit, et tout espoir de retraite perdu; forcément séparé de sa batterie au milieu du désordre affreux de cette journée, il n'eut, pour échapper à l'ennemi, d'autre parti à prendre que de traverser la rivière à la nage. Comme Poniatowski, il s'y précipita avec son cheval; mais, plus heureux que ce prince, il arriva sain et sauf sur l'autre rive; et peu de jours après, son intrépidité se signalait encore à la brillante affaire de Hanau.

Plus tard, bloqué dans la citadelle de Juliers, il se trouva dans une position nouvelle pour lui, et qui était sûrement loin de convenir à l'ardeur et à l'impatience de son âge ; mais c'est à l'école de l'adversité que l'ame se fortifie, que la maturité s'acquiert et que l'on apprend à modérer l'effervescence du cœur par le raisonnement.

Les premières années de Maléchard s'étant écoulées, ainsi que je l'ai dit, au milieu d'une famille éprouvée par le malheur, et son éducation militaire s'étant faite dans les désastreuses campagnes d'Allemagne et de France, en 1812, 1813 et 1814, rien ne lui a manqué pour acquérir les qualités et le vrai caractère d'un guerrier, pour s'élever en quelque sorte au niveau des grands événements qu'il traversait.

La campagne de 1814 fut la dernière de l'Empire. L'Europe épuisée ne demandait que le repos ; et les années suivantes, en permettant aux puissances de rétablir leurs trésors, permirent aux peuples de réparer les pertes de la génération qui venait d'être décimée.

Ces années de tranquillité, la France les dut à un prince dont la sagesse était aussi le fruit d'une heureuse organisation et d'une longue expérience faite dans l'exil et l'adversité. Si Louis XVIII ne fit point la guerre, il s'occupa avec soin de l'administration militaire et du bien-être personnel du soldat ; il apporta des améliorations, aujourd'hui complétées, qui sont toutefois, pour leur auteur primitif, des titres à une gloire, sinon aussi éclatante, du moins plus durable que celle des conquêtes.

Maléchard paya dignement son tribut à ce progrès. — Attaché alors à la direction d'artillerie de Grenoble, il s'acquitta d'une manière remarquable des travaux qui lui furent confiés. Aussi ne tarda-t-il pas à être nommé capitaine (1), et bientôt après adjoint au commandant d'artillerie de la 7e division militaire.

____

(1) 10 janvier 1819.

C'est sans doute pendant qu'il occupait ce poste à Grenoble qu'il a fait un *Mémoire sur la défense d'une partie de la Frontière de France,* que j'ai trouvé dans ses manuscrits, et qui dépose honorablement des études consciencieuses, du travail assidu et de l'expérience consommée de l'auteur. On voit que ce mémoire a été composé sur les lieux; et les travaux, exécutés depuis lors à Grenoble, à Pierre-Châtel et au fort l'Ecluse, paraissent être l'application des idées développées dans la première partie de cet écrit. Il renferme une appréciation stratégique des guerres dont ces contrées ont été le théâtre ainsi que des principes spécialement relatifs au siége de Grenoble, mais qui semblent susceptibles de s'étendre à celui de toute autre place, au moins en ce qui concerne l'artillerie. Enfin, dans la seconde partie de cet important mémoire, sont envisagées et traitées avec un soin particulier toutes les questions ayant pour objet l'organisation et la conduite d'un corps d'armée de 25,000 hommes, destiné à agir sur cette frontière.

Pour retrouver Maléchard sur les champs de bataille, il faut aller jusqu'en 1823, époque où il faisait partie de cette armée qui, sous le commandement d'un Bourbon, franchit les Pyrénées, pour replacer sur le trône d'Espagne un prince du même nom qui en avait été renversé par les tempêtes révolutionnaires.

Durant cette campagne, où les troupes françaises ne s'honorèrent pas moins par la sévère observation de la discipline que par la valeur, ce fut dans le royaume de Valence que notre jeune capitaine se fit particulièrement distinguer.

L'artillerie joue un grand rôle dans la guerre ; elle seule ouvre un passage aux troupes qui doivent livrer l'assaut ; elle seule décide souvent le gain des batailles ; mais d'aussi précieux avantages sont achetés bien cher ! que d'inconvénients à surmonter ! que d'obstacles à vaincre ! Tous les chemins ne sont pas accessibles à son matériel; un grand espace est indispensable à ses manœuvres; et ses mouvements ne sont pas susceptibles de cette rapidité d'exécution si souvent nécessaire au succès.

Au courage et au sang-froid exigés de l'officier de toute arme et de tout grade, l'officier d'artillerie doit unir le talent stratégique, les connaissances spéciales au génie, et cette présence d'esprit qui dicte une résolution prompte dans un moment difficile et pressant. En Allemagne, en Espagne, en France et en Afrique, Maléchard s'est trouvé dans ces positions délicates, et toujours il s'en est tiré heureusement et avec honneur.

Le général Molitor, qui avait, le 30 mai, son quartier général à Alcaniz, se dirigeait à marche forcée sur Murviedro, qu'assiégeait Ballesteros. Sentant toute l'importance de cette position, les deux partis désiraient vivement s'en rendre maître. Pour arriver à temps, les Français durent prendre la route la plus courte, celle des montagnes, qui parut d'abord impraticable pour l'artillerie; mais qui, grâce aux travaux exécutés sous *l'habile direction du capitaine Maléchard*, fut convertie en une belle route carrossable avec une rapidité qui étonna toute l'armée (1).

Quelques jours après, il se signala de nouveau à la brillante affaire d'Alcira, après laquelle il reçut la croix d'honneur (2).

A la prise de la forteresse de Lorca, il faisait partie de l'artillerie qui, établie sur les hauteurs par lesquelles cette place est commandée, avait puissamment contribué à effrayer la garnison, à paralyser son feu et à rendre possible le succès inespéré obtenu par les carabiniers du 4e léger.

(1) Histoire de la campagne d'Espagne, par Abel Hugo, t. Ier, p. 296.
(2) Le 25 juin 1823.

Enfin, à Campillo, dernière affaire sérieuse à laquelle il ait pris part en Espagne, il se comporta, ainsi qu'il avait fait partout, de manière à exciter l'admiration de ses camarades et à mériter l'approbation de ses supérieurs.

Après être resté pendant environ six années dans les garnisons, dont il utilisa constamment le repos au profit de la science en général et de l'art militaire en particulier, Maléchard fut appelé, en 1829 (1), à faire partie de l'armée d'Afrique, en qualité d'aide de camp auprès du maréchal de camp d'artillerie, vicomte de Lahitte, qui ne le connaissait point, mais qui fut guidé dans ce choix par les notes qu'il trouva au ministère de la guerre dans le dossier de cet officier, ainsi que par les éloges unanimes qu'en faisaient tous ceux qui avaient servi avec lui.

M. le vicomte de Lahitte le déclare aujourd'hui : il n'a eu qu'à se féliciter d'avoir pris confiance en une aussi bonne renommée ; et les louanges qu'il accorde au mérite de Maléchard, aux qualités qui le distinguaient comme guerrier et comme homme, ne font qu'ajouter aux regrets qu'il donne à sa mémoire.

Durant les préparatifs de cette expédition, pour laquelle on emmena un immense matériel, le commandant Maléchard rendit de grands services et donna de nombreuses preuves de ce zèle, de ce dévoûment et de cette capacité qui l'avaient déjà tant de fois mis en lumière ; et pendant la campagne, il fit éclater un noble courage et un admirable sang froid.

Pour tous ceux qui y ont pris part, la conquête d'Alger est un beau titre de gloire. Les événements de la dernière gravité qui eurent lieu peu après en France, quoiqu'ils aient nécessairement attiré et captivé l'attention générale, ne firent point oublier une si belle

(1) Le 19 novembre.

conquête. Il est vrai de dire qu'elle ne fixa pas les regards comme elle l'aurait fait si ces événements ne fussent point arrivés. Aussi, l'histoire écrite de la prise d'Alger a-t-elle beaucoup perdu à cette profonde préoccupation des esprits. Il sera pourtant facile d'en rassembler les matériaux, quand on voudra y consacrer une plume digne d'en apprécier et d'en faire ressortir l'importance ; et parmi les pièces les plus utiles à consulter pour ce travail, je ne crains pas de citer en première ligne le journal dans lequel Maléchard a mentionné les *Opérations militaires qui ont eu lieu durant la campagne d'Alger et les premières semaines de l'occupation de cette ville.*

Au mois de novembre 1831, il se trouvait en congé à Lyon, et goûtait, au sein de sa famille et de ses amis, un bonheur qu'il savait si bien apprécier, lorsqu'une sédition populaire vint soudainement troubler la tranquillité dont jouissait cette ville. Sa garnison, peu nombreuse, comptait *deux mille hommes* au plus, et manquait totalement d'artillerie. Le parti du peuple était fort, et se grossissait chaque jour dans une cité toute manufacturière et industrielle qui ne renferme pas moins de *cent mille ouvriers.* Maléchard jugea de la situation, comprit le danger, et bien qu'il pût se tenir à l'écart, sous la sauve-garde d'un congé qui n'était point à son terme, bien qu'il sentît vivement tout ce qu'il y avait de douloureux et de cruel dans sa position, il ne recula point devant l'inflexible rigueur du devoir qui lui prescrivait d'offrir immédiatement ses services au lieutenant-général commandant la division.

L'affaire la plus urgente et peut-être aussi la plus difficile était de transporter des munitions de la poudrière à l'Hôtel-de-Ville, où les troupes se trouvaient sans vivres et sans moyens de défense. La distance d'un lieu à l'autre est assez longue ; les rues étroites et populeuses à parcourir dans le trajet étaient cernées; le convoi, dirigé par le capitaine Maléchard, fut plus d'une fois en péril, obligé qu'il était d'essuyer sur plusieurs points le feu des insurgés; néanmoins il arriva heureusement au quartier général.

Le dernier des trois jours (1), deux pièces de canon, dont il put disposer, n'avaient personne pour les servir!... Il improvisa des artilleurs, il se procura non moins vîte les choses nécessaires au maniement de ces pièces; et, sans le secours de cette petite batterie, nul doute que l'on n'eût échoué dans la retraite, qui s'opéra nuitamment par un défilé de trois quarts de lieue au moins, où les factieux tiraient à bout portant sur la troupe, dont ils tuèrent plusieurs officiers, auxquels ils visaient de préférence. Dans cette occasion, un certain nombre des canonniers de Maléchard reçurent des balles qui lui étaient personnellement destinées.

Dans toutes les affaires, où s'était trouvé cet officier, il s'était signalé de manière à mériter un nouvel avancement; il devait en obtenir après la conquête d'Alger, ainsi que l'avait demandé le général en chef, dont la proposition demeura sans résultat par suite de la révolution de juillet; mais, en décembre 1831, ses titres furent mis sous les yeux du roi, qui lui conféra le grade de chef d'escadron. Il entra alors dans la cathégorie des officiers supérieurs, parmi lesquels il était si bien digne de figurer.

La crainte de voir naître de nouveaux troubles et le besoin de les prévenir, rendirent indispensable l'entretien à Lyon d'une garnison plus nombreuse. Chargé du commandement des 5e, 6e et 15e batteries du 7e régiment d'artillerie, Maléchard se trouvait encore en cette ville au mois d'avril 1834, lorsque éclata une nouvelle in-

(1) 22 novembre 1831.

surrection. Cette fois, les moyens de défense étaient organisés ; mais le peuple, travaillé de longue main par les agents des divers partis hostiles au gouvernement, était en mesure d'opposer une sérieuse résistance. La lutte, qui ne dura pas moins de cinq jours, fut acharnée et la victoire quelque temps incertaine. Pendant ce déplorable conflit, Maléchard ne quitta point son poste, et sut concilier l'accomplissemnt de ses devoirs militaires, qui marchaient les premiers, puisque c'est le salut de l'Etat qui les impose, avec les ménagements et les égards qu'il devait à sa ville natale. Les Lyonnais n'oublieront pas les services qu'il leur a rendus dans ces déplorables journées (1).

Maléchard, qui ne tarda pas à être nommé officier de la Légiond'Honneur (2), resta en garnison à Lyon durant trois années, et consacra tous les instants de loisir que lui laissait son service à perfectionner celui de son arme, et spécialement le bien-être physique et moral de ses soldats ; il mit un soin tout particulier, tout paternel, à rendre plus parfait l'enseignement primaire qui leur était donné. La méthode des Frères de la doctrine chrétienne lui ayant paru la meilleure, et l'admission des artilleurs dans leurs écoles étant impossible, il eut le courage de prendre lui-même des leçons

---

(1) Des ordres dont l'exécution aurait été désastreuse pour une partie des habitants lui ayant été donnés, il prit sur lui de ne point y déférer, sous prétexte qu'il ne les avait point reçus par écrit. « Y auriez-vous regardé de si près en pays étranger ? » lui dit un jour un de ces hommes que l'exagération fiévreuse de l'esprit de parti fait paraître plus cruels qu'ils ne le sont en effet. « Assurément non, répondit vivement Maléchard ; mais autre chose est de faire la guerre en pays ennemi, ou de la faire dans son propre pays et contre ses concitoyens. »

(2) Le 16 mai 1834.

de ces religieux pour se pénétrer de leurs principes, afin de les appliquer à cet enseignement. Suivant nous, cette action est toute aussi glorieuse qu'un hautfait.

Au commencement de 1837, le bruit se répandit que le gouvernement se décidait à faire une nouvelle expédition en Afrique, afin de tirer une éclatante vengeance de l'échec que nos armes avaient essuyé l'année précédente sous les murs de Constantine. L'expérience avait démontré que de très-grands obstacles étaient à vaincre pour s'emparer de cette ville dont la nature a fait une forteresse presque inexpugnable, et que la difficulté des chemins, ainsi que le peu de ressources qu'offrait le pays, ne permettaient d'y envoyer ni un corps considérable, ni un matériel trop embarrassant. On fit donc choix de troupes aguerries, dont le courage éprouvé pût compenser le nombre, et une partie de cette armée d'élite fut embarquée longtemps avant l'ouverture de la campagne, afin que les soldats pussent s'acclimater. Les officiers furent pris parmi les plus capables et surtout parmi ceux qui avaient déjà fait la guerre en Afrique. A ce double titre, Maléchard ne pouvait être oublié, et il fut, dès les premiers jours de janvier, désigné par le ministre de la guerre pour occuper l'emploi de *commandant supérieur des batteries de siége dans la future expédition de Constantine.*

Cette nomination à un poste aussi important n'était point une faveur. Il fut appelé à faire la campagne de Constantine par les mêmes motifs qui l'avaient fait appeler à faire la campagne d'Alger; sa brillante réputation dans l'armée et les excellentes notes qui existaient sur son compte au ministère. Aussi son élévation à ce poste fut-elle accueillie avec une extrême faveur par tous ceux qui étaient à portée de le connaître et de l'apprécier, première et bien douce récompense d'une conduite noble et belle, qui ne se démentit point en cette dernière circonstance, et qui, s'il en avait eu besoin, aurait été une éclatante justification du choix du ministre.

Le 17 janvier, il reçut l'ordre de se rendre immédiatement à Bone, pour y recevoir les poudres, munitions et autres objets de matériel qui devaient être envoyés de Toulon.

Parti de Lyon le 24 du même mois, il arriva à Alger le 8 février. Dès qu'il eut satisfait aux besoins les plus pressants du service, il se hâta de parcourir le pays qu'il n'avait pas revu depuis le moment où nous y avons mis le pied en vainqueurs. Curieux de savoir quelle influence la civilisation française avait exercée sur ces tribus barbares; c'était surtout hors de la ville que ses observations devaient être le plus intéressantes. Le 14, accompagné d'un officier de ses amis, il fit une excursion jusqu'aux avant-postes de Bouffarick, en passant par le consulat d'Espagne et les villages de Deli-Ibrahim et de Douera. Se rappelant alors combien ces lieux étaient peu sûrs quand il avait quitté l'Afrique, et qu'un jour, en allant à Bouffarick avec une colonne du général Bourmont, il avait été attaqué à Bélida et vertement ramené à Alger, il fut frappé des changements heureux qui s'y étaient opérés depuis 1830. Il disait alors au général Lahitte, accablé comme lui d'une station de plus de douze heures à cheval : « Quand viendra le temps où une de nos bonnes diligences d'Europe abrégera la durée et la fatigue de ces ennuyeuses marches? » Eh bien! ce souhait était réalisé en 1837. C'était dans le coupé d'une diligence, traînée par cinq chevaux arabes, qu'il faisait ce voyage, sur une belle route, large, bien tracée, entretenue comme celles de France, à droite et à gauche de laquelle il voyait des champs bien cultivés, et à Deli-Ibrahim, à Douéra et à Bouffarick, d'assez nombreuses maisons construites à la française !

Il est vrai que, sur les points intermédiaires de ces villages bien bâtis, se trouvent grouppés çà et là de misérables huttes qui composent les villages ou *douairs* des Arabes et de leurs troupeaux chétifs, dont l'aspect attriste le paysage plutôt qu'il ne l'égaie; mais ce voisinage même des habitations élevées par les Européens est une preuve de bonne intelligence entre eux et les indigènes; et si les routes ne sont pas encore parfaitement sûres, s'il est encore besoin d'escorter les diligences, ce n'est point pour se garantir contre ces paisibles voisins, mais seulement contre les attaques d'une tribu guerrière, les Hadjoutes, qui habite à l'ouest de la plaine et dont quelques hommes sont parfois venus piller et massacrer les voyageurs jusqu'aux alentours de nos avant-postes.

Ses affaires terminées à Alger, Maléchard prit la route de Bone. Avant d'y arriver, le bateau qui le portait relâcha à Bougie; quelques heures passées en cette ville suffirent pour lui donner une idée de ce qu'elle a dû être. Bâtie en amphithéâtre sur la pente d'une montagne qui descend à la mer, et au milieu de sites aussi frais que gracieux, sa position était des plus heureuses. Chaque maison avait son jardin d'orangers et une ou plusieurs sources d'eau jaillissante. Une grande quantité de ruines en couvrent le sol, et des débris, encore debout, d'un vieux édifice, attestent que Bougie fut une des plus agréables cités de la riche colonie que les Romains avaient fondée en Afrique.

Maléchard arriva le **15** mars à Bone, et pendant le temps assez long qu'il y passa, il fit une étude approfondie du pays.

La population de cette ville s'élève de huit à neuf mille ames, et se fait remarquer, comme celle d'Alger, par la diversité et le nombre des nations dont elle se compose : Maures, Turcs, Français, Espagnols, Italiens, Maltais, etc.

Les nombreuses ruines romaines qui couvrent les environs de

Bone ont donné un caractère tout-à-fait scientifique aux excursions que Maléchard fit dans cette contrée avec quelques officiers, ses amis.

Un jour, le 6 juin, ils sortirent de Bone par une chaleur de 34 degrés ; ils se dirigèrent sur la route de Constantine, et trouvèrent d'abord, à une lieue, un bel aqueduc, destiné, selon toute apparence, à conduire les eaux à Hippone, ville célèbre par l'épiscopat de saint Augustin. Parvenus sur l'emplacement qu'elle occupait, ils virent, au milieu d'une grande quantité de ruines, un magnifique réservoir auquel arrivaient sans doute les eaux amenées par l'aqueduc. La beauté du travail de ce bassin, tout-à-fait grandiose, ne permet pas de méconnaître l'ouvrage du grand peuple auquel on doit les Arènes de Nîmes.

Nos voyageurs allèrent déjeûner à cinq lieues de Bone, au camp français de Dréan. Pour y arriver, ils avaient traversé une plaine couverte de riches prairies, mais absolument dépourvue d'arbres, d'accidents de terrain, et dont la monotone solitude n'est troublée que par quelques tribus nomades qui établissent leurs tentes à une portée de fusil du chemin.

Près du camp, apparaissent quelques méchantes cabanes occupées par des marchands européens ; et il n'y avait point d'indigènes en cet endroit, car, règle générale, ce n'est que dans les villes, telles qu'Alger, Oran et Bone, qu'ils consentent à vivre dans notre voisinage.

Maléchard et ses amis, auxquels on fit très-bon accueil, déjeunèrent dans une salle de vieux feuillage bien sec et bien poudreux, qui les mit, pour quelques instants au moins, à l'abri d'un soleil dévorant ; mais leurs chevaux restèrent exposés à toute l'ardeur de ses rayons, parce qu'en Afrique, lorsqu'on leur a donné à boire et à manger, on ne s'occupe guère de ces animaux.

Bientôt repartie du camp de Dréan, la petite caravanne se dirigea vers Guelma, en parcourant un pays devenu montagneux, garni d'arbres et fort pittoresque. Là, se trouve l'ancienne voie romaine d'Alkours, que l'on aperçoit de très-loin, comme une longue ligne, tantôt blanche, tantôt verte et souvent interrompue. Elle était trop souvent dégradée pour que l'on pût songer à y faire passer notre armée. D'ailleurs, les Romains, qui faisaient porter leurs bagages par des bêtes de somme, ne ménageaient point assez les pentes, et leurs routes ne seraient aujourd'hui que très-difficilement praticables.

A peu de distance de la voie d'Alkours, se rencontre le camp de Nechmeïa, délicieusement placé entre deux ruisseaux tombant des montagnes voisines. Le colonel Bernelle, qui commandait dans ce camp, reçut et traita fort cordialement nos voyageurs, qui, poursuivant bientôt leur route, trouvèrent des ruines de maisons isolées. Quelques inscriptions déchiffrées leur apprirent que ces débris avaient appartenu à d'autres bâtiments construits sous le règne de l'empereur Adrien.

Ils passèrent ensuite à proximité de plusieurs villages Kabaïles, qui sont très-différents des camps arabes. Ceux-ci, exclusivement formés de tentes disposées en cercle, au milieu duquel sont les troupeaux, ont un caractère nomade que n'offrent point les villages kabaïles, où les tentes sont remplacées par des cabanes en feuillage. L'enceinte n'en est pas circulaire, mais se conforme aux accidents de terrain ; et les troupeaux, dispersés dans la montagne, ressemblent davantage aux nôtres. Enfin ces derniers villages sont toujours placés d'une manière pittoresque, au bord d'un bois, sur le flanc d'une colline, dans un lieu qui possède tout à la fois de la verdure, de l'eau et de la vie. On voit que le Kabaïle n'est pas un être errant, et qu'il s'attache à la terre par plus de liens que l'Arabe.

A un endroit nommé Getas-Bourba, ils reconnurent un terrain assez grand pour avoir été occupé par une ville et couvert d'une immense quantité de pierres de taille de toute nature; mais il ne restait debout que quelques toises d'un mur circulaire qui très-probablement ceignait la ville entière. Selon un savant antiquaire qui, depuis le camp de Nechmeïa, faisait partie de la Caravane, cet emplacement doit être celui de l'antique *Tibilis*, qui avait donné son nom à des bains d'eaux thermales.

Près de là, entre Guelma et le camp de Dréan, est le point le plus élevé du sol, et le génie venait de pratiquer sur le flanc de ces montagnes une belle route dans la direction de Constantine.

Les voyageurs touchaient au terme de leur course ; deux heures plus tard, ils traversaient à gué la Seybouse, et bientôt ils firent leur entrée à Guelma.

Cette ville, qui n'est maintenant qu'un monceau de ruines, fut construite elle-même sur les ruines et avec les débris d'une ville plus ancienne, qui occupait un espace trois ou quatre fois plus grand. Ce fait est suffisamment démontré par l'examen de quelques pans de muraille encore existants, et dans lesquels on trouve des pierres qui avaient évidemment servi à de précédentes constructions. Plusieurs de ces pierres y ont même été placées avec assez peu de soin pour que des inscriptions s'y trouvent renversées. — Les Sarrasins passent pour avoir reconstruit la ville de Guelma ; et *Suthul* est le nom de la cité romaine qui avait existé d'abord sur le même emplacement.

Au milieu de ces ruines, on trouve encore quelques restes de monuments qui donnent une haute idée de ce qu'était cette antique Suthul ; un château d'eau, un cirque pour les combats d'animaux, et un théâtre, dont une partie demi-circulaire, destinée aux speclateurs, est fort bien conservée ; des pierres tumulaires, couvertes d’inscriptions, y étaient si nombreuses, que la caserne de l’artillerie en a été entièrement construite.

Le séjour de Guelma est très-sain ; et par sa position, cette ville pouvait devenir un bon point de départ pour marcher sur Constantine. Aussi, lors de la première expédition, quelques troupes, sous les ordres du colonel Duvivier, y avaient été établies ; en moins de six mois, cet officier distingué avait relevé l’ancienne enceinte de cette place, qui n’était pas entièrement détruite ; et, à l’aide de quelques autres travaux, il l’avait mise à l’abri d’un coup de main.

Rentré le 9 juin à Bone, Maléchard ne voulut pas le quitter sans avoir vu *la Calle*, ancienne possession française, bâtie sous Henri IV et sous Louis XIV, par la compagnie de la pêche du corail, et brûlée par les Arabes, qui nous en chassèrent en 1827. *La Calle* n’offre plus maintenant que des ruines ; mais elles ne sont pas sans intérêt pour l’antiquaire. Quand Maléchard la visita, sa population consistait en quelques Maltais et cinquante Turcs, commandés par un officier français, M. Berthier de Sauvigné ; et le dimanche, elle était accrue par les équipages nombreux des bateaux *corailleurs* qui couvrent la mer dans ces parages.

Dans toutes ses excursions, Maléchard examinait le pays sous le rapport militaire ; des points les plus culminants, il en étudiait la configuration ; il prenait des renseignements sur les ressources qu’il pouvait offrir, et trouvait encore le temps de l’étudier en naturaliste et en antiquaire ; tenant le crayon à la main et prenant des notes qui, plus tard, l’eussent mis à même de rendre ses observations profitables à tous.

Afin de recevoir et de mettre en ordre le matériel d’artillerie arrivant de France, il resta encore deux mois à Bone, où l’armée eut beaucoup à souffrir des fièvres pernicieuses et des dyssenteries qui, sur divers points de l'Afrique, nous sont bien plus funestes que le plomb et le yatagan des Arabes.

Le 9 août, tout ce qu'il y avait de réuni de l'armée expéditionnaire fut dirigé sur [le plateau M'jez-Ammar, où l'on arriva le **11**. Maléchard commandait la première colonne d'artillerie qui emmenait avec elle la majeure partie du matériel destiné au siége. Une chaleur de 40 degrès, que l'armée eut à supporter pendant la route fatigua cruellement les hommes et fit périr plusieurs chevaux.

Ce plateau dominant la Seybouse, et malheureusement dominé lui-même par les montagnes voisines, avait été choisi pour l'établissement d'un camp d'une grande étendue, qui devait devenir le point central des opérations militaires. Quoique Guelma, qui était mieux dans la direction de Constantine, offrit, comme position, quelques avantages, M'jez-Ammar lui fut préféré, parce que de ce côté, les chemins étaient plus praticables et que l'on espérait y trouver plus facilement de l'eau et du bois.

Maléchard y étant rendu long-temps avant les généraux qui devaient avoir le commandement supérieur de l'artillerie, c'est lui qui l'exerçait lorsqu'arriva M. le maréchal-de-camp comte de Caraman, lequel, après avoir vu et apprécié l'habileté expérimentée de ce chef d'escadron, jugea couvenable de le laisser investi des fonctions qu'il remplissait si bien; et celui-ci n'eut, de son côté, qu'à suivre les inspirations du général.

SECONDE PARTIE.

Le camp de M'jez-Ammar devait renfermer les divers états-majors, les troupes de toutes armes, les parcs de l'artillerie, du génie et des trains des équipages , les ambulances et la manutention des vivres. Il fut enceint d'une ligne de fortifications passagères et armé de pièces de campagne ; plusieurs ponts furent jetés sur la Seybouse , et un ouvrage à cornes construit du côté de sa rive droite servit de tête de pont (1).

(1) Une relation de l'expédition de Constantine, écrite par M. le docteur Baudens, qui en a fait partie en qualité de médecin de Mgr le duc de Nemours, et publiée dans la *Revue de Paris*, renferme une description trop remarquable du camp de M'jez-Ammar pour que l'on ne nous sache pas gré de l'avoir reproduite :

« Nous découvrîmes , cette année , une plaine rase , au milieu de laquelle « s'élevait une véritable place de guerre , avec ses remparts , ses fossés , ses « ponts , ses canons et son arsenal. En dehors des fortifications , toute la gar- « nison sous les armes , musique en tête , attendait l'arrivée du prince , qui « devait la passer en revue. Les rues de ce camp , alignées au cordeau , étaient « bordées d'élégantes maisons en feuillage , destinées aux soldats ; celles des « chefs ne se distinguaient que par des proportions plus grandes. Chaque « régiment occupait un quartier , à l'entrée duquel on lisait son numéro. Un « ordre admirable , une propreté extrême régnaient dans l'intérieur de cette « ville improvisée et vraiment féerique. Rien n'y manquait : spectacle , café , « grands établissements pour les administrations des vivres et des hôpitaux , « voire même un superbe palais bâti en feuillage , sur des dimensions vrai- « ment grandioses , et dignes de loger un roi. Ce palais était destiné au « prince qui l'habita pendant son séjour à M'jez-Ammar. La vie et le mouve- « ment de ce camp , l'ardeur martiale de notre belle armée d'Afrique , l'aspect « d'une ville européenne jetée tout d'un coup au cœur de ces plaines désertes , « le bruit du canon , répété mille fois par l'écho des montagnes , des airs « guerriers auxquels le Kabaïle était seul insensible , une fête solennelle , qui, « pour beaucoup , ne devait pas avoir de lendemain : tout cela portait à l'ame « des émotions d'un charme infini , qu'il faut renoncer à dépeindre. »

Lorsque Maléchard donnait tous ses soins à ces préparatifs de défense, on eût dit qu'il prévoyait devoir être attaqué bientôt avec vigueur par les Arabes, et avoir à jouer lui-même l'un des principaux rôles dans cette affaire.

C'est là que l'armée attendait le duc de Nemours. Les princes ont leur place marquée à la tête des armées dont ils doivent partager la gloire et les périls. S'ils font défaut à cette mission, malheur à eux ! malheur au trône !

En attendant S. A. R., dont on annonçait le prochain débarquement, le lieutenant-général gouverneur s'occupait de pourvoir à tous les besoins de l'armée. Objet de nécessité première, l'eau ne se trouvant pas à M'jez-Ammar en quantité suffisante, il fallut, pour s'en procurer, pousser une reconnaissance au milieu même des troupes d'Achmet, assez peu éloigné ; et cela pouvait devenir une affaire sérieuse. Le gouverneur partit donc lui-même le 12 septembre, accompagné de trois à quatre mille hommes et de huit pièces d'artillerie, commandées par le chef d'escadron Maléchard.

Ils franchirent d'abord, sans autres difficultés que celles du terrain, la haute chaîne de montagnes aux pieds desquelles ils étaient campés ; et, de leurs sommets, ils virent des nuées d'Arabes qui garnissaient toutes les crêtes voisines. S'étant, après quelques instants de repos, remis en marche sur la route de Constantine, ils furent attaqués par des corps d'Arabes qui, recouverts de leurs longs bournous, paraissaient des légions de fantômes ; mais qui n'empêchèrent point que nos soldats continuassent à cheminer toute la journée, pendant que l'artillerie, balayant l'ennemi, le forçait de se tenir à distance. A cinq heures du soir on arriva sur les bords d'une petite rivière nommée Oued-Zenati, dont l'eau est saine et abondante. Le but de l'expédition était atteint, on prit position sur les lieux même ; le coucher du soleil ayant, comme de coutume, entièrement dispersé les Arabes, l'armée, dont les dommages consistaient en deux hommes blessés, put passer la nuit sans inquiétude, et le lendemain, à la pointe du jour, elle rebroussa chemin pour retourner au camp.

Inhabiles à reconnaître les motifs de nos mouvements et à en comprendre le but, les indigènes, qui avaient cru d'abord que nous nous portions sur Constantine, prirent notre marche rétrograde pour une retraite, et se mirent à nous poursuivre de plus belle. A peine avions-nous fait uue demi-lieue, qu'il fallut nous mettre sur la défensive. De même que la veille, l'artillerie nous protégea ; et dès que le terrain se présenta un peu favorable, une belle et profonde charge de cavalerie nous débarrassa complètement de l'ennemi, qui perdit quelques hommes, des chevaux et des armes.

A notre retour au camp, on se préparait à recevoir le prince, que l'on disait débarqué à Bone avec le général Valée, appelé à prendre le commandement de l'artillerie. Toutefois il était bien évident que l'on n'était point en mesure encore de livrer le siége à Constantine, l'armée ne comptant que six mille hommes et n'étant point approvisionnée.

La facilité avec laquelle on avait repoussé les Arabes, dans la précédente expédition, donnait à penser qu'ils ne se hasarderaient point à tenter l'attaque du camp. Les officiers se livrèrent donc en sécurité aux soins journaliers du service; et le général en chef, qui avait entamé des négociations avec Achmet-Bey, continua de les entretenir dans l'espérance de conclure une paix honorable, en évitant les chances de nouveaux combats et d'un siége extrêmement périlleux. De son côté, le perfide Achmet se plaisait à prolonger les négociations, sans rien conclure, afin de gagner du temps, de voir arriver la mauvaise saison et de triompher de nous par les éléments, comme il avait fait la précédente année.

Mais, durant ces délais, l'état sanitaire de l'armée n'était point satisfaisant. M'jez-Ammar est un séjour dangereux ; les excessives chaleurs de la journée, les rosées de la nuit et les eaux de la Seybouse, qui se répandent dans la plaine, firent naître des dyssenteries et des fièvres pernicieuses qui ne se ralentirent guère. Généraux, officiers, soldats, tout le monde presque paya son tribut à cette épidémie.

Telle était la position de l'armée et de ses chefs, lorsque le général Danrémont partit pour aller au-devant de S. A. R.

En l'absence du gouverneur, et attendu l'état de maladie du général chargé du commandement supérieur de l'artillerie jusqu'à l'arrivée du lieutenant-général Valée, le commandement du camp fut dévolu au maréchal-de-camp Rhuliéres, et celui de l'artillerie au chef-d'escadron Maléchard, qui devint ainsi, pour quelques jours, le second personnage de l'armée expéditionnaire.

Soit qu'instruit de l'absence du général en chef, Achmet-Bey pensât qu'il aurait meilleur compte de nos troupes, soit qu'il fut enhardi par les propositions de paix qui lui avaient été faites, la sécurité du camp ne fut pas de longue durée. Les rapports que recevait journellement l'état-major, lui apprirent bientôt que le bey se mettait en mouvement avec ses troupes pour nous attaquer.

En effet, le 20 septembre, le sommet de toutes les montagnes environnantes fut couvert d'ennemis ; le 22, au lever du soleil, on vit leurs masses s'ébranler en se dirigeant vers le camp ; à onze heures, leurs cavaliers arrivèrent sur les collines les plus rapprochées, un feu assez vif s'engagea entre les tirailleurs. Ce jour-là cependant, il n'y eut pas d'affaire sérieuse, parce que les Français, qui avaient reçu ordre de rester l'arme au bras, quand la fusillade viendrait de trop loin, ne répondirent pas toujours au feu qu'on leur adressait. Mais cette réserve, prise pour de la faiblesse par les agresseurs, les enhardit ; et, redoublant d'ardeur, ils allaient se ruer sur notre camp, s'ils n'eussent été soudain retenus par quelques coups de canon. Ils s'arrêtèrent aussitôt, se remirent en grouppes, et regagnèrent les montagnes d'où on les avait vu descendre la veille.

On les croyait éloignés pour long-temps ; erreur : le lendemain ils redescendirent, bien plus nombreux, et menacèrent en même temps toutes celles de nos positions qui se trouvaient du côté et au delà de la Seybouse. Attaquées avec vigueur, elles ne furent pas moins vigoureusement défendues par notre artillerie ; l'affaire dura trois heures ; les Arabes rétrogadèrent vers midi, laissant à penser qu'ils opéraient une retraite ; mais à deux heures on répandit le bruit qu'ils avaient reçu des renforts et qu'ils étaient commandés par le bey en personne. En effet, ils firent, sur le même point, une nouvelle tentative plus opiniâtre et plus vive encore que les précédentes. Un mamelon, que quelques pièces de canon protégeaient heureusement, était le but particulier de leurs efforts ; ils se battirent avec acharnement jusqu'à cinq heures du soir, et ne quittèrent la place que lorsqu'ils eurent perdu tout espoir de succès.

Sur le front du camp, il n'y avait eu que des affaires de postes, la cavalerie arabe s'étant tenue éloignée pour ne pas se trouver sur un terrain tout-à-fait découvert en face de notre artillerie.

Nous avions perdu quelques hommes, plusieurs étaient blessés ; mais l'ennemi n'avait pu nous entamer, et ses pertes avaient dû être considérables. Toutefois son éloignement n'était point définitif ; quelques circonstances annonçaient, au contraire, qu'il reviendrait promptement à la charge. Il s'était arrêté plus près de nous que les jours précédents ; entourés de ses innombrables feux de bivouac, nous pouvions distinguer les nouveaux renforts qui lui arrivaient. Il était donc évident que tout se préparait pour une grande et complète attaque ; et quoiqu'il ne soit point, je l'ai dit, dans les habitudes des Arabes de se battre après le coucher du soleil, il n'était pas moins prudent de se tenir en garde contre une affaire nocturne. Ils la ten tèrent, mais sur un seul point, et ils furent vertement repoussés.

Le 23 devait être leur grand jour de bataille ; toutes leurs forces étaient réunies, et l'on savait positivement que le bey était à leur tête.

Le 23 donc, à la pointe du jour, les cavaliers arabes engagèrent le combat avec nos postes ; le général Rhullières et le commandant Maléchard parcouraient les rangs!... Ils reconnurent bientôt que l'ennemi était bien plus nombreux que la veille, et ses mouvements mieux dirigés. Les premiers rayons du soleil éclairèrent une masse compacte d'infanterie soutenue par une cavalerie immense. Les Arabes avaient incontestablement sur nous l'avantage numérique, mais nous avions sur eux l'avantage du canon et l'entente de la guerre.

Pendant que l'infanterie tirait sur toute la ligne de nos fortifications, Achmet portait ses meilleures troupes contre les positions déjà attaquées la veille, et surtout contre ce mamelon que nos artilleurs avaient si bien défendu, sorte de poste avancé qui protégeait tous nos travaux, et dont Achmet, qui en sentait l'importance, ordonna plusieurs fois l'assaut. Mais Maléchard avait fait construire pendant la nuit une petite fortification, derrière laquelle les pièces étaient masquées de telle sorte que les artilleurs, ainsi abrités, ont perdu beaucoup moins de monde, et fait beaucoup plus de mal à l'ennemi.

Repoussés sur tous les points et considérablement affaiblis, les Arabes se sont enfin décidés à battre en retraite ; après avoir donné à leurs morts, comme à leurs blessés, les soins qui leur étaient dus, ils ont repris la route de leurs montagnes ; et le 25, on n'en apercevait plus aucun , même sur les points les plus éloignés.

Telle a été l'affaire de M'jez-Ammar, où nous avons eu à combattre des troupes sous les ordres immédiats du bey, auxquelles était adjointe sa propre garde, ainsi qu'un grand nombre de Kabaïles de Bougie, et dont les forces dépassaient de beaucoup les nôtres. Nous avons eu en batterie jusqu'à quinze pièces, qui ont tiré *trois cent soixante et dix coups*, et l'infanterie a brûlé *vingt-deux mille quatre cents cartouches*.

Jamais peut-être les Arabes n'avaient déployé autant de courage, de vigueur et de persévérance ; on se battait à portée de fusil ; des Kabaïles ont même été tués jusques sur nos retranchements ; et les choses allèrent au point que, le 23, notre position ne laissa pas d'être un moment inquiétante ; mais une manœuvre habile, proposée par Maléchard et adoptée par le général Rhulières, dégagea heureusement notre armée compromise. Il fallut toute notre supériorité dans l'art de la guerre, toute la valeur de nos soldats et surtout la conscience du sort affreux qui les attendait s'ils étaient vaincus, pour triompher, avec autant de bonheur d'ennemis aussi nombreux et aussi acharnés.

Durant ces trois journées, chacun, sans contredit, paya largement son tribut de bravoure et de dévoûment ; mais celui qui se signala de la manière la plus brillante, fut incontestablement le chef-d'escadron Maléchard. Il n'y eut, à cet égard, qu'une seule voix dans tout le camp, le général Rhulières s'est plu lui-même à rendre le plus honorable témoignage du talent, de la capacité et de la prudente énergie que cet officier déploya dans l'action, Il a même déclaré que ce fut à ses savantes dispositions que l'on dût la victoire,

La favorable issue de cette affaire eut pour résultat, non seulement la conservation du petit corps d'armée qui gardait le camp de M'jez-Ammar, mais celui, peut-être plus important encore, de l'influence morale exercée sur les Arabes ; et l'on sait combien ces peuples superstitieux se laissent facilement conduire par de telles influences. L'inutilité des efforts inouis qu'ils venaient de faire, les pertes qu'ils avaient essuyés, les frappèrent d'une terreur si grande, que nous pûmes ensuite marcher jusqu'à Constantine sans qu'ils songeassent à nous inquiéter.

Cette bataille était donc de nature à avoir du retentissement, et à être rapportée dans un bulletin officiel, pour en donner les détails et faire connaître à la France entière l'honneur qui en réjaillissait sur nos armes. Cette publicité était la première et la plus flatteuse récompense due à ceux qui avaient remporté la victoire ! Il n'en fut pourtant dit qu'un mot, comme d'un combat accessoire et secondaire !... ce qui est regrettable, sans doute, quand on voit des affaires moins sérieuses, des succès moins décisifs obtenir les honneurs d'une apologie qui n'est pas toujours exempte d'exagération.

Il ne m'appartient pas de rechercher les causes de ce silence presque absolu sur une affaire aussi importante, et encore moins de blâmer les changements qui furent opérés ensuite dans l'organisation intérieure de l'armée expéditionnaire. Mais on n'est pas moins forcé de dire qu'après le retour au camp des généraux en chef, Maléchard, qui venait d'être porté sur le pavois, descendit subitement de la belle position qu'il s'était acquise ; qu'il perdit même l'emploi de commandant supérieur de l'artillerie, avec lequel il avait été envoyé en Afrique ; et que le concert d'éloges dont il venait d'être entouré, cessa tout-à-coup de se faire entendre !... Quoiqu'il ne fut pas dans son caractère de conserver long-temps le souvenir de ce qu'on est convenu de nommer l'injustice des hommes, la blessure qu'il reçut en cette circonstances fut cruelle, et lui fit au cœur une profonde impression !

Les divers séjours que, depuis son départ de France, Maléchard avait fait sur plusieurs points de l'Afrique, avaient été beaucoup plus longs que ne semblaient l'exiger les missions qui lui étaient confiées. Mais les retards nombreux ou fréquents des objets de matériel et des employés qu'il devait y trouver, le forcèrent souvent à rester malgré lui dans tel ou tel lieu, et à s'occuper d'affaires militaires qui n'étaient pas précisément de son ressort.

Plus d'une fois il eut le regret de voir que des troupes annoncées n'arrivaient point ou arrivaient tardivement, et que l'on n'était pas suffisamment approvisionné en subsistances ; il remarqua surtout, dans l'administration des vivres, qu'en campagne, les moyens ne sont point proportionnés aux besoins ; qu'on est fréquemment dans l'obligation d'emprunter, pour les transporter, les voitures et les chevaux de l'artillerie, et que, même avec ce secours, le service n'est pas fait avec l'exactitude et la régularité nécessaires.

A M'jez-Ammar, après avoir pourvu aux besoins et aux devoirs de la défense, Maléchard étudiait le pays en savant. C'est ainsi qu'il visita les eaux thermales d'Hamman-Mescontine, connues aujourd'hui dans la contrée sous le nom de *Bains-Maudits.* — Ces eaux, qui se trouvent à une demi-lieue de l'endroit où était établi le camp, sont sulfureuses et ferrugineuses ; leur température s'élève jusqu'à 76 degrés ; elles s'échappent de nombreuses sources, et déposent, sur le sol qu'elles parcourent, des sels calcaires, qui se rencontrent çà et là, en très grand nombre, sous la forme de masses ou de cônes de vingt à vingt-cinq pieds de hauteur, et qui, vus de loin, sont d'un effet non moins curieux que singulier. A peu de distance de ces sources, on aperçoit des ruines, dont quelques parties sont encore assez bien conservées, et qui attestent que du temps de la domination romaine, les eaux dont il s'agit étaient fréquentées.

S. A. R. le duc de Nemours avait fait, le 26 septembre, son entrée au camp, où il était accompagné par les généraux Damrémont, Vallée et de Fleury ; un ordre du jour avait annoncé la nouvelle organisation de l'armée. Entr'autres mesures, l'artillerie fut partagée en deux divisions, l'état-major et le grand parc. Par suite de cette disposition, le commandement du parc de siége fut réuni à celui du parc de campagne qui était déjà sous les ordres du chef d'escadron Gellibert ; et Maléchard fut placé sans emploi déterminé à l'état-major de l'artillerie.

Mais jamais le vrai mérite ne reste méconnu et délaissé ; et dans une affaire aussi capitale, aussi périlleuse que celle qui se préparait, Maléchard ne pouvait demeurer long temps à un tel poste. Aussi le verrons-nous remonter rapidement à la position élevée dont il venait de descendre.

Tout était prêt pour marcher sur Constantine. De nouvelles troupes étaient arrivées à M'jez-Ammar immédiatement après le prince ; et le 1er octobre, à sept heures du matin, l'on se mit en route.

Le lieutenant général, commandant en chef l'artillerie, était avec son état-major, à la tête de la première colonne. Venait ensuite le chef d'escadron Maléchard qui commandait la première division composée des brigades de Nemours et de Trézel, ainsi que d'une grande partie du parc de siège.

L'autre division, sous les ordres du chef d'escadron Gellibert ne partit que le lendemain.

Jnsqu'au 5, aucun Arabe hostile n'apparut, et l'armée n'eut à vaincre d'autres obstacles que ceux du terrain. Mais ils furent grands, causés qu'ils étaient, tantôt par les pluies dont les chemins étaient tellement détrempés que, même en doublant les attelages, le passage des voitures était de la dernière difficulté, tantôt par des rampes d'une montée si rapide qu'elles exigeaient de grands travaux qui ralentissaient beaucoup la marche. Maléchard fut nécessairement appelé le premier à surmonter de tels obstacles, les seuls qui dussent nous être opposés jusque sous les murs de Constantine.

On suivit la même route qu'en 1836 ; arrivé sur la montagne de Somha, on aperçut, à trois lieues de distance, la ville de Constantine, le plateau de Coudiat-Ati, avec ses tombeaux, les escarpements du Sidi-Mécid, la redoute tunisienne, et, sur la rive gauche du Boumerzoug, le camp d'Achmet. Alors seulement quelques Arabes commencèrent à se montrer en tirailleurs, qu'il fut facile de tenir à distance, et le lendemain, on était devant Constantine. La première division du Parc, toujours sous les ordres de Maléchard, campa à neuf heures du matin, sur le Mansourah, à droite du marabout de Sidi-Mabrouck. La seconde division ne tarda pas d'arriver, et prit également position.

Les premiers soins des lieutenants généraux d'artillerie et du génie ayant été de faire une reconnaissance pour le placement des batteries, il fut décidé que l'on en établirait trois, nommées batteries *Royale*, *d'Orléans* et des *Mortiers*, sur le plateau de Mansourah, pour éteindre les feux de l'ennemi et détruire ses ouvrages défensifs ; et une, nommée batterie de *Nemours*, sur le revers du Coudiat-Ati, pour faire brèche près de la porte Bab-el-Djedid. La construction et le commandement des trois premières furent confiés au chef d'escadron Maléchard ; le chef d'escadron d'Armandy fut chargé de la construction et du commandement de la quatrième.

Dans la nuit du 6 au 7, et malgré les presqu'insurmontables difficultés du terrain, Maléchard poussa les travaux des batteries, dont une entr'autres reposait entièrement sur le roc, avec une si grande activité que, dans la visite qu'ils firent à la pointe du jour, avec le prince, les généraux Danrémont et Vallée s'empressèrent de remarquer, avec éloges, que la construction avait été très avancée en aussi peu de temps et avec tant d'obstacles.

Le lieutenant général d'artillerie, continuant cette reconnaissance avec le lieutenant général du génie, ils examinèrent différents chemins que devaient suivre les pièces de vingt-quatre, choisirent plusieurs positions, ordonnèrent l'établissement de batteries nouvelles, et un ordre du jour prescrivit le commencement du feu, pour le lendemain 8, de grand matin.

Quant à la batterie de brêche, elle ne pouvait être construite que plus tard, par rapport aux chemins à pratiquer et aux immenses difficultés de l'exécution, sur un point entièrement ouvert au feu du rempart.

Comme pour ajouter à tant d'inconvénients et de périls, les travaux de l'artillerie furent, dès le milieu de la journée, contrariés par une pluie battante qui ne devait pas discontinuer pendant toute la durée du siège. Le plateau du Mansourah et les chemins préparés sur des terrains de remblai furent bientôt détrempés et rendus impraticables, l'eau qui tombait par torrents, entraînant ces terrains avec elle. Loin d'arriver au point désigné, les grosses pièces s'embourbaient, s'enfonçaient, ou roulaient même quelquefois dans la profondeur des ravins, d'où l'on ne pouvait les retirer qu'à force de temps et de bras. Il est aisé de concevoir qu'avec l'obscurité de la nuit et une pluie diluvienne, ces travaux quoiqu'habilement dirigés, quoiqu'encouragés par la présence du prince et des généraux, eussent éprouvé beaucoup de lenteur sans le secours des Zouaves et des sapeurs du génie ; lenteur qui aurait au moins compromis le succès de l'entreprise !

Pendant le temps qu'employèrent ces préparatifs, le feu de la place fut heureusement toujours faible, souvent nul et par conséquent peu inquiétant. Quant au nôtre il ne put être ouvert que le 9 à 7 heures du matin, après une nuit aussi désastreuse que les précédentes.

Le savoir et le courage ne sont pas les seules qualités indispensables à l'homme de guerre. Il lui faut encore une ame forte et un esprit de persévérance qui ne se laissent abattre ni par les obstacles. ni par les revers, ni par les erreurs; et sous ce rapport, l'armée expéditionnaire de Constantine a été mise à de rudes épreuves.

Elle était dans un pays presque inconnu, sans autres moyens d'existence que ceux apportés, de fort loin, devant une ville garnie de soixante bouches à feu, et que sa position rend, pour ainsi dire, imprenable lorsqu'elle sera bien défendue; l'artillerie venait de faire des efforts surnaturels pour établir et armer ses batteries!.... Et quand on a surmonté tant d'obstacles, pour ainsi dire invincibles, quand on se croit bientôt maître de la place, on reconnaît, faut-il l'avouer?.... que le feu de la plupart de ces batteries n'atteint point précisément le but proposé, et que leur position doit être changée!... Il fut donc décidé que les trois batteries *Nemours*, *Danrémont* et des *Mortiers* seraient placées sur le Coudiat-Ati, malgré toutes les difficultés nouvelles à éprouver pour y transporter le matériel.

Traverser un torrent, marcher dans des chemins défoncés que l'on n'avait plus le temps de réparer, et dont les rampes étaient si rudes que quarante chevaux, aidés par les travailleurs, pouvaient à peine faire avancer une seule pièce; telles sont les difficultés dont il fallut triompher, et malgré lesquelles ce changement de disposition fut opéré sous la diroction de Maléchard. Mais, de même que ceux qui se trouvaient inutiles, ces travaux qui durent être exécutés pendant la nuit et à la pluie, épuisèrent complètement les forces des soldats. Découragés un instant, ils abandonnèrent tout et se dispersèrent. Ce ne fut qu'après avoir parcouru longtemps les plateaux du Coudiat-Ati, et à force de prières, d'encouragements et de récompenses promises, que le colonel, chef d'état-major, secondé par quelques officiers, parvint à ramener les hommes et à les remettre à l'ouvrage.

Le 10 octobre, à l'aube du jour, lorsque la plupart des pièces avaient déjà franchi les deux tiers environ du trajet à parcourir, la place de Constantine ouvrit son feu avec une grande activité; et la mitraille venant effrayer les chevaux et les blesser ainsi que les hommes, apporta une nouvelle entrave à leur marche. Mais ce péril n'est pas de ceux qui font reculer les soldats français ; tout au contraire, il enflamma leur courage, leur rendit l'énergie qu'ils avaient perdue, et leur fit oublier tous les maux qu'ils avaient soufferts.

Les batteries du Coudiat-Ati, ainsi que celles restées au Mansourah étaient en partie armées le 11 : et le capitaine C..., qui commandait celle de Nemours, déployait un zèle et une ardeur sans exemple dans un travail aussi difficile que dangereux, l'armement des batteries de brèche, quand, à neuf heures du matin, le lieutenant donna ordre de commencer l'attaque.

Le bombardement dura deux jours. Ce n'est point ici le lieu de donner l'histoire de ce siége mémorable et de mentionner les traits de valeur qui signalèrent nos armes ; cet écrit est consacré à l'histoire d'un seul et non à celle de tous. Qu'il me suffise de dire que, malgré tous les travaux et les fatigues des jours précédents, l'armée ne se laissa abattre ni par les difficultés presqu'insurmontables des opérations les plus essentielles d'un siége, le remuement des terres que de continuels torrents de pluie avaient converties en boue, ni par les pertes nombreuses qu'elle faisait en soldats et en officiers, ni même par la perte, plus cruelle encore, du lieutenant-général gouverneur qu'un boulet emporta subitement, le 12, au plus fort de l'action, à côté du prince et au milieu de tout l'état-major.

L'artillerie qui s'était déjà brillamment distinguée dans cette campagne, ns se distingua pas moins durant le siége, soit par la haute intelligence, la précision et la promptitude qu'apportaient les officiers dans l'exécution des ordres, soit par la justesse et la dextérité dont tous faisaient preuve dans le tir; et son chef, le lieutenant général Vallée, que la mort du général Danrémont appela au commandement de l'expédition soutint glorieusement sa vieille renommée de tacticien profond et d'homme de haute capacité.

Maléchard qui était à sa place au milieu de tant de braves, se fit, comme toujours, remarquer par sa valeur, de même que par son savoir et son expérience ; aussi expert qu'actif dans l'accomplissement des missions qui lui étaient confiées, et l'exécution des dispositions prescrites, qu'habile et sage daus les dispositions qu'il avait à prescrire lui-même. Avec lui, jamais d'instructions mal comprises, jamais de temps perdu en explications superflues, jamais de négligence ou de mauvaise volonté de la part du soldat dont il était aimé, et dont il savait stimuler le zèle et ranimer l'ardeur par ses propres actions comme par l'autorité de ses paroles.

En plus d'une occasion, il a fait preuve de ce courageux sang-froid, de cette héroique abnégation de soi-même, qui sont les premières vertus du guerrier ; et, pour n'en citer qu'un exemple, un jour, que sur un mamelon à portée du canon de l'ennemi, il s'occupait d'un travail d'esprit qui exigeait toute son attention, un boulet le rase de si près qn'il enlève une portion de son manteau. Des artilleurs, qui l'observaient d'une certaine distance, le croient mort ou du moins blessé ; un de ses amis, le capitaine ***, court à lui, et le trouve continuant son travail, sans s'être aperçu à peine du péril imminent qu'il avait couru.

Dans ce rapide examen, on ne saurait cependant passer sous silence les importants services qu'a rendus l'arme du génie si dignement commandée par le lieutenant général de Fleury qui a déployé, en cette occasion, les connaissances stratégiques les plus consommées et les plus vastes. Avec les généraux Danrémont et Vallée, il a concouru à la solution des questions les plus importantes, et plusieurs mesures, suggérées par lui, ont puissamment contribué aux heureux résultats du bombardement.

Disons-le enfin, l'infanterie, par son intrépidité, par son dévoûment sublime, par l'ardeur belliqueuse avec laquelle elle a livré l'assaut, a parachevé une victoire, disputée avec acharnement jusqu'à la dernière heure, et qu'un seul instant pouvait convertir en déroute complète, en défaite honteuse.

Il n'en fut rien ; et le 13 octobre, à neuf heures du matin, le drapeau français flottait sur les murs de Constantine, de cette antique *Cirtha*, où planèrent jadis les aigles romaines. Défendue admirablement par la nature, et très vaillamment par les Arabes, si cette ville ne l'a pas été assez habilement pour résister à notre savoir stratégique et à l'héroïque audace de nos troupes, elle n'a pas moins opposé une résistance opiniâtre, où l'on a pu reconnaître une entente de la guerre peu commune chez ces peuples et par conséquent l'œuvre éclairée d'une direction étrangère

Quand une place est rendue, le feu du canon cesse ; mais le rôle de l'artillerie n'est point encore terminé. Il lui reste à opérer le désarmement, à rechercher les magasins de poudre, de projectiles et des autres objets destructeurs, et enfin à prendre possession de tous les moyens de défense de l'ennemi.

Chaque jour mieux apprécié, Maléchard ne pouvait plus occuper que des emplois supérieurs. A notre entrée à Constantine, il fut fait commandant de l'artillerie de la place, chargé de l'opération aussi délicate qu'importante dont je viens de parler ; et plus tard nommé chef d'état major de l'artillerie, poste précédemment occupé par un maréchal de camp.

De l'avancement était bien dû à sa belle conduite. Il fut proposé pour le grade de lieutenant-colonel, et le ministre de la guerre s'empressa de lui écrire le 11 novembre que le roi, qui connaissait les services qu'il avait rendus et qui savait apprécier sa conduite dans la dernière expédition, lui réservait le premier emploi qui deviendrait vacant dans l'artillerie.

En même temps qu'on lui assurait cette récompense aussi juste que bien acquise, il en recevait une autre non moins flatteuse et qui déposait aussi honorablement en faveur de son mérite ; c'est le concert d'éloges sorti de la bouche de tous les officiers qui l'avaient vu à l'œuvre. En leur présence, comme sous les yeux des généraux en chef, et d'un jeune prince, digne appréciateur des éminentes qualités qui déjà brillent en sa personne, il avait donné trop de preuves de cette haute capacité, de ce savoir acquis et de ces dons innés qui font l'homme de guerre, pour qu'il fut permis de douter qu'il ne dût être appelé un jour à l'un des premiers emplois de l'arme dans laquelle il s'était fait un si beau nom.

Mais pendant que ce brillant avenir se déroulait à ses yeux, la providence, qui se joue des projets et de l'espoir des mortels, se disposait à l'arrêter subitement dans la carrière.

Un pressentiment funeste avait poursuivi Maléchard durant toute la campagne. En partant de Toulon, son cœur se serrait à l'idée de quitter la France ; et il n'est presque aucune de ses lettres où il n'ait fait des vœux pour le retour. Dans le courant d'octobre, il éprouva quelques malaises dont il tint d'abord peu de compte. Mais, le 27, il fut forcé de s'aliter, atteint qu'il était par le choléra, auquel avaient déjà succombé plusieurs officiers qui habitaient avec lui la Casbah.

Son état s'aggravait d'une manière sensible, lorsqu'il apprit que le général en chef se disposait à retourner en France, avec S. A. R. et devait partir le 29, à la tête de la dernière colonne expéditionnaire. Rien alors ne put retenir Maléchard, et, malgré le mauvais état de sa santé, malgré les conseils de ses amis, il voulut faire partie de ce convoi. Mais quelle constitution eût pu résister aux fatigues d'un tel voyage, en proie comme il l'était, aux atteintes du choléra, privé des soins que réclamait impérieusement sa position, et épuisé par les opérations du siége, qui l'avaient tenu, durant six jours et six nuits, dans l'eau et dans la boue, livré aux travaux les plus sérieux et les plus pénibles ?... Il arriva pourtant le 1er novembre à M'jez-Ammar, avec l'armée ; mais il était mourant !....

Le souvenir de la belle conduite qu'il avait tenue en cet endroit, dut ranimer un instant son existence près de s'éteindre ; mais l'espoir que ses dernières lueurs donnèrent aux personnes qui l'entouraient leur fut, hélas ! bientôt enlevée !.... La nouvelle du départ de ses frères d'armes qui devait avoir lieu le lendemain, et sans lui, lui donna le coup de la mort..... Le 2 novembre, il expira sur les lieux même qui, un mois auparavant, avaient été le théatre de ses exploits les plus glorieux.

Ainsi, au moment d'être promu à un haut grade qu'il avait si bien acquis, mourut à l'âge de 45 ans, sur la terre étrangère, loin de sa famille et de ses amis, et dans un cruel abandon, l'homme qui tenait le plus au bonheur du foyer domestique, et à la *gloire intime*, comme lui-même il la nommait.

Celui que l'armée a perdu si jeune encore, celui dont la mort prématurée est aussi regrettable pour la ville de Lyon que douloureuse pour ses proches, Maléchard n'était pas seulement homme du champ de bataille ; il était aussi homme de cabinet. La théorie de la guerre fut souvent l'objet de ses recherches et de son application assidue ; mais l'histoire naturelle, dont le goût s'était développé chez lui dès l'enfance, était son occupation favorite ; et il a laissé, sur l'une et l'autre de ces sciences si disparates, des mémoires importants et des collections intéressantes.

On l'a remarqué depuis long-temps, le penchant et l'application aux sciences naturelles, sont la garantie ordinaire, et presque certaine, de mœurs douces et d'aménité. Celui qui se plait à l'étude des papillons et à la culture des fleurs, ne saurait être un méchant homme. Maléchard en a été une nouvelle preuve. Il fut aimé de tous ceux qui l'ont connu ; supérieurs, camarades et subordonnés, tous font, d'un accord unanime, l'éloge de son caractère et de son cœur. Inflexible sur la rigueur du devoir, auquel il savait tout sacrifier, il n'eut cependant qu'une pensée au milieu des fatigues de la guerre, comme dans le loisir de la garnison ; la pensée de revoir ses amis, sa famille, sa mère surtout, sa mère qu'il chérissait si tendrement et dont il était si tendrement chéri.

Modeste jusqu'à la timidité, à peine, dans les salons, payait-il un indispensable tribut à la conversation générale, à laquelle, le plus souvent, il prenait part en observateur ; et le lendemain, dans l'intimité des causeries amicales, il rendait compte des réflexions piquantes et spirituelles qu'il avait faites. Ce n'est pas qu'il n'eut tout ce qu'il

faut pour plaire et briller dans le monde ! Doué d'un agréable exté-
rieur, de manières simples, mais élégantes et polies, d'un esprit fin
et délié ; possédant des connaissances variées sur diverses sciences ;
profondément instruit dans l'art militaire, il était certainement à
même de soutenir toutes les discussions et de s'y faire remarquer ;
mais il s'appliquait peu à être homme du monde, parce qu'il le connaissait bien et ne l'appréciait qu'à sa juste valeur !

Durant les dix mois qu'il passa en Afrique, pour la dernière expédition, il employa une partie de ses loisirs à consigner le fruit de ses
méditations dans un mémoire du plus haut intérêt, sur différents
vices qu'il avait reconnus dans l'organisation du personnel de l'artillerie, considérée en campagne, dans les camps et dans les siéges ; et
sur les réformes qu'il serait convenable d'apporter à cette organisation. Ce mémoire, rédigé à la pressante sollicitation de M. le général
Caraman, terminé seulement après la prise de Constantine, et écrit
d'un style clair et précis, était plein de vues utiles et profondes qui
eussent assurément fait opérer dans l'arme d'heureuses modifications
et des améliorations importantes, ainsi que se sont plû à le dire tous
les militaires éclairés auxquels il en a été donné communication. Il
est donc on ne peut plus fâcheux qu'un tel ouvrage ne se soit point
retrouvé après la mort de Maléchard, non plus que les notes qu'il avait
recueillies, en parcourant les ruines romaines dont le pays est si ri-
chement peuplé ; et plusieurs collections d'antiquité, de minéraux,
d'insectes et de plantes dont se fussent, sans doute, enrichies les
sciences, l'histoire naturelle surtout, peu avancée encore en ce qui
touche les parages africains.

L'éloge de Maléchard est tout entier dans le récit de ses hauts-faits,
de son savoir, de ses travaux guerriers et scientifiques, de ses goûts,
de ses affections et de la rapide sympathie qu'il ne manquait jamais

d'exciter. A ce titre, mais à ce titre seul, notre ouvrage est complet; et si sa mère qui le pleure, si ceux qui le regrettent,—et c'est le lot de tous ceux qui l'ont connu,—pensent que nous n'avons pas été trop au-dessous de la noble tâche que nous ont imposé notre cœur et notre patriotisme, nous nous estimerons heureux et fier à la fois d'avoir payé un dernier tribut à la cendre du soldat fidèle et éprouvé, de l'homme instruit et modeste, du fils tendre et respectueux, de l'ami sincère et désintéressé.

NOTICE BIBLIOGRAPHIQUE.

La timide réserve de Maléchard ne lui a permis de livrer aucun
de ses ouvrages à la publicité ; mais il a laissé plusieurs manuscrits
qui ne sont pas sans importance, et que nous nous sommes fait un
devoir de déposer à la Bibliothèque de la ville de Lyon, où ils sont
à leur place, et comme œuvre de mérite, et comme œuvre d'un con-
citoyen. Là du moins, tout le monde pouvant les consulter, ils ne
seront point perdus pour la science stratégique.

Ces manuscrits sont :

1º *Mémoire sur la confection des fusées à la Congrève.*—C'est
un travail d'art, très utile pour l'instruction des officiers et sous-
officiers d'artillerie ;

2º *Mémoire sur la formation d'un peloton de candidats dans
chacun des régiments d'artillerie.*—Cet écrit signale des vices dans

l'organisation des régiments de cette arme, et en première ligne, les inconvénients qui se font sentir lorsque, par suite d'avancement, des hommes passent d'une batterie montée à une batterie à cheval, et réciproquement; la création d'un peloton de candidats paraît, selon Maléchard, un moyen sûr d'obvier à ces inconvénients;

3o *Papiers relatifs aux opérations du siége, et aux premières semaines de l'occupation d'Alger.* — C'est un journal incomplet, mais bon à connaître, sur les travaux de l'artillerie pendant le siége d'Alger, et pendant les premiers temps de son occupation;

4o *Mémoire sur la défense d'une partie de la frontière de France.*—Nous avons, page 406, rendu un compte sommaire des diverses questions traitées dans cet écrit, qui est incontestablement 'ouvrage le plus capital de Maléchard, et celui dont la publicité ferait le plus d'honneur à sa mémoire.